VIE
DU P. LEJEUNE.

VIE

DU P. LEJEUNE,

DIT LE P. L'AVEUGLE,

PRÊTRE DE L'ORATOIRE,

Par M. Tabaraud,

ANCIEN SUPÉRIEUR DE L'ORATOIRE DE LIMOGES.

A LIMOGES,

CHEZ BARBOU, IMPRIMEUR-LIBRAIRE.

1830.

PRÉFACE.

L'ŒUVRE des missions, considérée comme un des moyens dont la providence s'est servie, dès l'origine du christianisme, pour répandre la lumière de l'Évangile parmi les infidèles; comme une des ressources de l'Église pour ramener à l'unité ceux de ses enfans que le schisme ou l'hérésie en avoient séparés; comme une institution propre à ranimer la foi des fidèles, lorsqu'elle s'est affoiblie dans le cours des siècles, appartient essentiellement à l'ordre de la religion. C'est principalement sous ce dernier rapport qu'on doit juger les missions qui ont acquis tant de vogue en France à la suite d'une révolution qui n'a pas produit moins de ravages dans l'ordre religieux que dans l'ordre civil et politique.

Nous n'avons pas à dissiper les ténèbres de l'ancien paganisme, ni à défendre nos dogmes contre les attaques des nouvelles hérésies. La controverse à cet égard n'est guère plus de saison dans un temps où l'on attache trop peu d'intérêt aux mystères du christianisme. Mais, ce qui n'est pas moins pénible, nous avons à combattre un système d'indifférentisme, bien plus difficile à déraciner que des erreurs positives, qui semble avoir envahi toutes les classes de la société, et qui offre peu de prise au raisonnement. Telle est la grande maladie de notre temps. C'est donc au cœur encore plus qu'à l'esprit que doivent s'adresser les instructions des nouveaux missionnaires.

Leur tâche est d'autant plus difficile à remplir, qu'on ne sauroit se déguiser qu'une funeste prévention, répandue contre leur ministère, exige de leur part des précautions toutes particulières sur l'exactitude de leur enseignement, tant en matière de doctrine qu'en matière de morale et de culte, sur la délicatesse qu'il leur convient d'apporter dans l'exercice de leurs fonctions, sur la réserve qui doit se manifester dans leur conduite; sur l'attention à se contenir dans les bornes tracées autour d'eux par l'esprit de leur vocation, sans se permettre des excursions au dehors propres à exciter la susceptibilité des gens du monde, et à compromettre par-là le succès de leurs travaux évangéliques. C'est la règle que saint Paul prescrit à tous les ministres du sanctuaire, dans la personne de son disciple Timothée. *Que celui qui est enrôlé au service de Dieu ne s'immisce point dans les affaires du siècle.*

*

Ils doivent donc éviter en chaire les questions contentieuses qui pourroient leur attirer des contradictions dans l'exercice de leur ministère, des innovations affectées d'un esprit de parti, contre lesquelles il existe des préventions plausibles, et qui ne sauroient contribuer en rien au progrès de la solide piété, et en général tout ce qui n'est que spectacle, tout ce qui ne produit qu'un vain fracas, qui n'a point d'analogie avec l'esprit de la religion, qui n'agit que sur l'imagination sans aller jusqu'au cœur, et qui par conséquent ne sauroit tendre à opérer une véritable et sincère conversion.

Cette conduite, si conforme à l'esprit de l'Evangile et à l'exemple des apôtres, pourra peut-être attirer des reproches aux missionnaires que nous avons en vue, comme elle en attira au père Lejeune, à M. de Fénélon, et aux autres missionnaires qui s'y conformèrent. On verra que la méthode du premier, pour gagner la confiance des calvinistes, étoit de ne leur point parler directement des questions de controverse, de peur de les irriter en combattant de front leurs préjugés, mais de leur annoncer Jésus-Christ et ses mystères, de les entretenir du prix de ces augustes vérités, de l'excellence de la rédemption, de l'extrême besoin que nous avons de lui en tout et partout. C'est ainsi qu'en les faisant revenir insensiblement de leurs préventions contre l'Eglise romaine, il touchoit leur cœur en même temps qu'il désabusoit leur esprit. Ces vérités, étant communes aux deux religions, attiroient au missionnaire la confiance de ses auditeurs, et lui fournissoient le moyen de terminer, dans des conférences particulières, l'ouvrage qu'il n'avoit fait qu'ébaucher dans ses prédications (1).

Lorsque Fénélon arriva dans le Poitou et la Saintonge, il y trouva les missions de ces provinces livrées à des gens plus propres à aigrir les esprits qu'à gagner les cœurs, comme on peut s'en convaincre par une de ses lettres au marquis de Seignelai, où il lui mandoit : « Les Récolets sont méprisés et haïs, surtout des » huguenots, dont ils ont été les délateurs; les jésuites de Ma-» rennes sont quatre têtes de fer qui ne parlent aux nouveaux » convertis, pour ce monde, que d'amendes et de prisons, et pour » l'autre, que du diable et de l'enfer. Pour les curés, ils n'ont » aucun talent de parler. C'est une grande confusion pour l'Eglise » catholique. Il arrive de là que la plupart des ecclésiastiques » n'agissent, dans cette affaire, que par faux zèle et par passion, » comme s'en plaignait M. de Pont-Chartrain (2). » Fénélon suivit une conduite tout opposée. « Il s'attacha à désabuser les nou-» veaux convertis des ridicules préjugés dont leurs pasteurs les

(1) Histoire du cardinal de Bérulle, tome II, page 271.
(2) Histoire de Fénélon, deuxième édition, tome I, page 102.

» avoient nourris contre les pratiques et les cérémonies de l'Eglise
» romaine ; il leur enseignoit les actes indispensables qu'elle
» prescrit ; il leur apprenoit à ne pas les confondre avec des
» usages et des pratiques édifiantes qu'elle conseille, qu'elle
» permet ou qu'elle tolère. Le succès que Fénélon et ses coopé-
» rateurs obtinrent dans les missions du Poitou doivent être attri-
» bués, en grande partie, à cette manière simple et exacte de
» présenter la religion à une multitude trop peu instruite pour
» saisir les points difficiles d'une controverse au-dessus de son
» intelligence (1). »

On voit que le père Lejeune et M. de Fénélon portèrent le
même esprit dans l'exercice de leur ministère ; qu'ils procédèrent
constamment par voie d'instruction et de persuasion. Rien ne
prouve qu'ils aient eu recours à quoi que ce soit de bruyant ou
d'extraordinaire, pour assurer le succès de leurs missions. Fénélon
porta même la condescendance jusqu'à s'abstenir de certaines
cérémonies et pratiques, bonnes en elles-mêmes, mais qu'on peut
suspendre lorsque la religion n'y est pas essentiellement intéressée,
et dont la suspension peut produire un bon effet. On doit juger
par-là combien il eût été dangereux d'introduire des dévotions
hors-d'œuvre, qui n'ont pas un assentiment général. Sur cet ar-
ticle il fut calomnié à la cour, et le père Lachaise le fit rayer de
la feuille des bénéfices, sur laquelle il étoit inscrit pour l'évêché de
Poitiers. Les contradictions qu'essuya le père Lejeune eurent une
cause différente, mais elles prirent leur source dans le même ministère. Les unes lui vinrent du zèle avec lequel il combattit les
passions, les autres de la franchise qu'il mit à développer les
caractères de la justice chrétienne, au grand déplaisir de ceux qui
professoient une morale très-relâchée sur cette question et sur
plusieurs autres. Loin de s'en effrayer, il continua à prêcher les
saintes maximes de l'Evangile dans toute leur intégrité, et il
triompha de ses adversaires par son immense charité, comme on
le verra dans le cours de son histoire.

Le père Lejeune avait acquis de très-bonne heure, par une
étude assidue des pères et des théologiens, une connoissance profonde de toutes les parties de la religion, de ses dogmes, de la
morale chrétienne et de la discipline de l'Eglise. Il possédoit
éminemment l'art de faire apercevoir la liaison de toutes ces parties,
d'en tirer des leçons de conduite, de prouver qu'elles ont leur fondement dans la foi des plus augustes mystères. C'est ce qui attache
singulièrement dans ses sermons, quand on les médite avec une
sérieuse attention. On y remarque la régularité des plans, la clarté
du style, une simplicité qui n'exclut pas une certaine élévation,

(1) Éclaircissemens sur la révocation de l'édit de Nantes, page 134.

lorsque les sujets ou les circonstances l'exigent. L'onction qu'il mettoit dans son débit faisoit facilement passer dans les cœurs les vérités qu'il annonçoit. Il y attaque avec force les passions les plus enracinées, et grave profondément dans les âmes les sentimens dont on voit qu'il étoit lui-même très-persuadé. Nous aurons souvent à insister sur tous ces points dans le cours de l'histoire du pieux missionnaire.

J'ai cru devoir placer à la suite de cette histoire une notice de quelques-uns des disciples du père Lejeune. Elle eut été plus étendue et plus intéressante, si le nécrologe de la maison de l'Oratoire de Limoges n'eût pas péri dans l'incendie de 1790, qui consuma le quartier de la ville dans lequel cette maison étoit située. Mon intention était aussi d'en ajouter une sur M. de Lafayette, l'un de ces évêques remplis de l'esprit de Dieu et du zèle de la maison du Seigneur, que la providence avoit suscités en France, dans le dix-septième siècle, pour réparer les maux que les désordres du siècle précédent y avoient causés. Je pensois que le public auroit reçu avec intérêt quelques détails sur ce vénérable prélat, dont plusieurs établissemens utiles attestent encore la vigilance. C'étoit lui qui avoit attiré et fixé dans son diocèse le père Lejeune, lequel étoit devenu son principal coopérateur, et qu'il avoit encouragé dans ses travaux apostoliques. Les honneurs qu'il lui fit rendre après sa mort, et le regret public qu'il témoigna de sa perte, prouvent jusqu'à quel point il avoit su apprécier le mérite de ce saint missionnaire. On conçoit d'après cela qu'il étoit convenable que l'éloge d'un tel prélat fût joint à celui du père Lejeune. J'espérois puiser les matériaux d'une pareille notice dans le *Gallia christiana;* mais il n'y a à Limoges qu'un seul exemplaire du volume qui les contient. Les démarches que j'ai faites pour en avoir la communication ont été accueillies de manière à me faire comprendre que je devois renoncer à ma demande. Une pareille démarche que j'avois faite en 1789, pour un livre de la bibliothèque du séminaire, avoit été plus heureuse : l'honnête M. Sicilier, supérieur de cette maison, s'empressa de m'envoyer le livre, en mettant toute sa bibliothèque à ma disposition.

VIE

Du P. Lejeune,

DIT L'AVEUGLE,

PRÊTRE DE L'ORATOIRE.

I. La famille de ce célèbre missionnaire, l'une des plus considérables de la ville de Poligni, étoit connue en Franche-Comté, dès le milieu du quinzième siècle, par les places honorables que plusieurs de ses membres avoient occupées dans la haute magistrature de cette province soumise alors à la domination autrichienne. L'aïeul de celui dont nous entreprenons d'écrire l'histoire, avoit été président à Orange. Son père, Gilbert Lejeune, conseiller au parlement de Dole, mourut, en 1595, à Lyon, où il avoit été député par le roi d'Espagne et par sa province pour aller complimenter Henri IV, à son passage dans cette ville. Ce magistrat laissa cinq enfans en bas âge, qui furent élevés avec le plus grand soin par sa veuve, Geneviève Collart, femme d'une éminente piété. Deux de ses filles fondèrent les Annonciades de Pontarlier; l'aîné des garçons entra chez les Augustins; le cadet devint provincial des Jésuites en Canada; et le troisième, qui fait le sujet de cette histoire, né en 1592, fut pourvu dès son enfance d'un canonicat d'Arbois par l'archiduc Albert.

Le père de Bérulle s'étant rendu à Dole pour y faire la visite des Carmélites, dans le temps où Lejeune terminoit

1

son cours d'études dans l'université de cette ville, il voulut connoître par lui-même un homme dont la réputation de zèle et de vertu s'étendoit dans toute la France, et le consulter sur sa vocation; il fut si satisfait des entretiens qu'il eut avec lui, qu'il se sentit porté à devenir son disciple. En conséquence, il se démit de son canonicat, se rendit à Paris, et entra, en 1614, dans la nouvelle congrégation de l'Oratoire que M. de Berulle venoit d'établir. Après s'être formé pendant trois ans aux vertus sacerdotales, sous la direction d'un aussi excellent maître, il fut envoyé au séminaire de Langres, dont le père Bence, docteur de Sorbonne, étoit supérieur. M. de Zamet, évêque du diocèse, les chargea d'aller établir la réforme dans l'abbaye du Thard de Dijon, qui en avoit le plus grand besoin. Leur mission fut couronnée d'un plein succès, et après qu'ils y eurent remis en vigueur la vie régulière, le père Lejeune continua de rester auprès des religieuses, en qualité de directeur, pour consolider une œuvre si bien commencée, et il remplit parfaitement les vues du prélat.

II. Le père Lejeune avoit reçu de la providence un rare talent pour annoncer la parole de Dieu, et un attrait particulier pour l'exercer auprès des pauvres et des gens de la campagne. Il s'étoit occupé de très-bonne heure à leur aller faire des catéchismes et des instructions familières dont le succès sembloit devoir le décider pour ce genre de ministère; mais il ne fut pas toujours le maître de suivre son inclination. On voulut l'entendre dans les grandes villes. Plusieurs évêques, et des plus recommandables, le pressèrent de remplir les principales stations de leurs diocèses; ses supérieurs joignirent le poids de leur autorité aux invitations de ces prélats. Il ne lui fut pas possible de se refuser à tant de vœux et de résister aux ordres de ceux qu'il s'étoit fait un devoir de regarder comme les organes de la providence dans l'exercice de son ministère. Son humilité cédant à l'esprit de sa vocation, il se partagea entre les missions de la campagne et les stations des villes; son zèle embrassa presque toute la France, s'étendit même sur quelques états voisins, et lui acquit la réputation du plus excellent missionnaire de son époque.

La parole de Dieu, soutenue par ses prières ferventes, par l'esprit de pénitence dont il était animé, et par l'exemple édifiant de toute sa conduite, ne resta jamais sans fruit dans sa bouche; partout le ciel répandit des bénédictions abondantes sur ses travaux apostoliques. On a vu, disent ceux qui ont été à portée de recueillir les détails de ses courses évangéliques, des villes entières embrasser à sa voix les exercices de la pénitence, des ennemis invétérés se réconcilier, des lieux de débauche se fermer, des temps de dissolution devenir des temps de recueillement, des festins de dissipation se changer en des repas de charité; et ce qu'il y a de plus rare dans les missions, des conversions sincères et permanentes s'opérer. Nous ne pouvons pas le suivre dans tous les lieux où son zèle se reproduisit sous toutes sortes de formes, pour détruire les abus, les vices, les erreurs, dont les désordes des guerres civiles et des querelles religieuses avoient inondé toutes nos provinces. Il nous suffira, pour donner une juste idée de ses travaux, de marquer celles de ses missions et de ses stations qui offrent quelques circonstances propres à donner une juste idée de tout ce qu'il entreprit pour le salut des âmes.

III. Au retour d'une station prêchée à Rouen, où il avoit remplacé le père Senault, la cour témoigna le

1.

désir d'entendre un prédicateur dont on faisoit de toutes parts les plus grands éloges. Son premier mouvement fut de s'y refuser. Il n'y consentit que sur les ordres de ses supérieurs. Mais au lieu de choisir quelqu'un de ses plus beaux discours pour se faire admirer sur ce grand théâtre de la gloire mondaine, où tant d'autres n'ambitionnent souvent que d'étaler une éloquence profane, il se borna à faire une instruction familière sur les devoirs des grands, spécialement sur l'obligation où ils sont de veiller à l'éducation de leurs enfans, au soin de leurs serviteurs, et à tout ce qui peut contribuer au maintien du bon ordre dans leurs familles. Le sujet était nouveau pour des courtisans; l'air humble et mortifié du prédicateur, la simplicité de son débit et de sa composition le leur parut encore bien davantage; il réussit cependant à les intéresser par des détails qui prêtoient peu à l'éloquence, mais qui renfermoient d'utiles instructions. C'est ainsi que, sans sortir des bornes de cette humilité qui étoit sa vertu favorite, il fit goûter à la cour des vérités usuelles qu'on n'étoit pas accoutumé d'y entendre prêcher, et qui furent écoutées avec intérêt.

Ce fut dans une autre station de la même ville qu'il perdit entièrement la vue, sans aucun espoir de la recouvrer. Cet accident n'étoit pas moins la suite de ses austérités que de la mauvaise disposition de ses organes. Quelque temps après, une fluxion douloureuse lui ayant arraché l'un de ses deux yeux, il s'en consola par une plaisanterie, en disant qu'on voyoit en lui le contraire de ce qui arrive aux autres hommes qui, de borgnes deviennent aveugles, au lieu que d'aveugle il étoit devenu borgne. C'est d'après ce fâcheux accident qu'il ne fut plus guère connu que sous le nom de *Père l'Aveugle*.

Il le supporta avec une patience admirable, sans laisser échapper la plus légère plainte; il ne parut sensible qu'à la privation d'offrir à Dieu le saint Sacrifice de la Messe. Plusieurs évêques voulurent, malgré cette infirmité, lui en donner la permission, en observant les précautions convenables; mais la crainte de tomber dans quelque irrégularité l'empêcha d'en user, et il se réduisit à la communion laïque et quotidienne.

Cette infirmité ne fut pas capable de l'arrêter dans l'exercice des missions. Le père de Condren, supérieur général de la congrégation de l'Oratoire, pour lui en rendre le travail plus facile, mit auprès de lui un de ses confrères, digne par son éminente vertu d'être son associé: c'étoit le père Lefèvre, qui fut chargé non-seulement de lui rendre les services qu'exigeoient son état et son ministère, mais encore de l'engager à user de plus de modération dans sa vie pénitente. Ce respectable ami s'attacha sans réserve à sa personne, se dévoua constamment à le servir dans ses besoins, de quelque nature qu'ils fussent, avec des attentions qu'on n'auroit pas pu espérer d'un serviteur à gages; il fut son guide, son lecteur, son aumônier, son collaborateur dans l'œuvre des missions, et le servit sans interruption en maladie comme en santé.

IV. La vertu du père Lejeune, son zèle pour la conversion des âmes, ses infirmités, sa vie humble et toute concentrée dans les devoirs de son ministère, ne purent le mettre à l'abri de la jalousie et des calomnies de ceux qui couroient la même carrière, avec des vues moins pures que les siennes, ni le préserver de leurs persécutions.

C'étoit l'époque de la grande lutte entre les casuistes relâchés et le clergé de France qui leur faisoit la guerre. Cette lutte avoit pour objet les dispositions au sacrement de pénitence, la nécessité de l'amour de Dieu pour être justifié dans ce sacrement, la fuite des occasions du péché, le délai de l'absolution et autres questions importantes qui étoient alors agitées avec beaucoup de chaleur, sur lesquelles les évêques s'étoient prononcés par de nombreuses et solides censures, et qui n'en étoient pas moins contrariés par des gens qui faisoient profession de piété, par des docteurs même qui jouissoient d'une certaine réputation de science et de vertu. Le père Lejeune, parfaitement soumis aux décisions des chefs du clergé sur tous ces points dans ses prédications, n'y mettoit néanmoins aucun esprit de contention, et évitoit avec soin de s'écarter des règles d'une prudente circonspection. Cela ne l'empêcha pas d'être exposé, comme un autre saint Paul, à toutes sortes de calomnies de la part de plusieurs faux frères, soit dans sa doctrine, soit dans sa conduite personnelle. On l'attaquoit tantôt par des insinuations secrètes, tantôt par des déclamations publiques, du haut de la chaire évangélique, où les injures ne lui étoient pas épargnées. A la vérité on n'osait pas le nommer ; mais on le désignoit par des traits auxquels il étoit difficile de se méprendre sur l'intention connue de ceux qui les lui prodiguoient.

Ce fut surtout à Toulouse, où ses prédications avoient produit le plus grand effet, qu'il éprouva des contradictions de ce genre. Un abbé Lescalopier, excité par les jaloux de sa gloire et par les ennemis de sa morale, entreprit d'élever autel contre autel. Cet abbé ne craignit point de déclamer contre lui dans la chaire de Saint-Cernin, de l'accuser d'avoir avancé que l'attrition est inutile dans le sacrement de pénitence ; que le prêtre n'exerce point les fonctions de juge dans ce sacrement ; que l'absolution est purement déclaratoire. Il lui fit un crime

d'avoir dit que les pénitens qui ne sont pas suffisamment
disposés à Pâques pour recevoir la communion, doivent
être remis à la Pentecôte, et autres griefs semblables.
Quoique l'humble prédicateur n'ignorât pas ces déclamations, il s'étoit contenu dans le plus absolu silence.
Le scandale qui en étoit résulté, obligea le père Jouen-
neau, supérieur de la Dalbade, à dénoncer le sieur Lescalopier à l'official et aux grands-vicaires, en l'absence
de l'archevêque. Les parties furent entendues contradic-
toirement. Les chanoines de la cathédrale qui avoient
suivi le père Lejeune dans tout le cours de sa station, rendirent le plus honorable témoignage à l'exactitude de sa
doctrine. L'accusateur, convaincu de calomnie, fut condamné à lui faire réparation publique en chaire, dans
l'église métropolitaine, et à retracter tout ce qu'il avoit
débité dans celle de Saint-Cernin : tout cela fut constaté
par un procès-verbal qui existe parmi les manuscrits de la
bibliothèque du roi.

Cet exemple contint quelque temps les ennemis du
père Lejeune, ou plutôt ceux de la saine morale, ou du
moins ils mirent plus de réserve dans leurs attaques,
et se réduisirent à lui faire une guerre sourde; mais enfin
le père Adam, qui avoit découvert le jansénisme jusque
dans saint Paul et saint Augustin, reprit en 1659 le rôle
de l'abbé Lescalopier, dans un carême prêché à la Dalbade. M. de Marca, successeur de M. de Montchal, qui
avoit intérêt à ménager les Jésuites, arrêta la poursuite
commencée contre leur confrère, et la chose en resta
là (1).

(1) Ce père Adam était de Limoges il appelait saint Augustin l'*Africain
échauffé, le Docteur bouillant*; il trouvoit que saint Paul s'étoit trop livré à

Ces contradictions et quelques autres exercèrent la
patience de celui qui en étoit l'objet ; mais elles ne furent
pas capables de l'obliger à se départir de ses principes
dont une étude constante, une expérience consommée, et
ses profondes méditations sur les maximes de l'Évangile
et les règles de l'antiquité, lui avoient confirmé la vérité
et fait sentir les avantages. Il continua de les pratiquer et
de les publier sans la moindre altération, mais toujours
avec une discrétion digne de sa haute piété, bien propre
à désarmer ses adversaires ; aussi en vit-il plusieurs déposer
leurs préventions, rendre hommage à son zèle éclairé, et
finir par devenir ses admirateurs et même ses apologistes.
En voici quelques exemples :

V. Dans le temps qu'il prêchoit à Marseille une station
de carême, le commandant de la place avoit voué une
haine implacable à plusieurs habitans des plus qualifiés,
contre lesquels il méditoit une vengeance éclatante ; c'est
dans ces dispositions qu'il se présenta au père Lejeune
pour se confesser. Ce père, avant de l'entendre, lui re-
montra de la manière la plus douce, avec les accens de la
plus tendre charité, que tant qu'il persisteroit dans de
semblables dispositions, il n'y auroit point d'absolution
à espérer de sa part. Cet officier se répandit alors en injures
contre le prédicateur et contre ses confrères, qu'il menaça
de faire chasser de la ville. Le ministre du Seigneur n'op-
posa à ce mouvement de colère que de la patience et de

la *vivacité* de son imagination. Dans un sermon sur la Passion, il avoit
comparé les Parisiens aux Juifs, Anne d'Autriche à la sainte Vierge, le
cardinal Mazarin à saint Jean-Baptiste ; Ce fut au sortir de ce sermon,
qu'un courtisan dit que le père Adam n'étoit pas le *premier homme du
monde,* calembourg que Voltaire a appliqué à un autre Jésuite du même
nom, son commensal.

touchantes représentations qui ne produisirent d'abord aucun effet ; il réussit mieux par les prières ferventes qu'il adressa au ciel, pour en obtenir la conversion du commandant. Au moment où celui-ci se préparoit à satisfaire son ressentiment, l'idée de tout ce que lui avoit dit le père Lejeune se représenta à son esprit, lui en fit sentir l'injustice, et opéra dans son cœur un merveilleux changement. Dès ce moment, son courroux se calma, il ne fut plus question des projets de vengeance, et il avoua que ce changement venoit de l'impression que tout ce que lui avoit dit le pieux confesseur avoit faite sur lui. C'est ainsi que la prière d'un seul juste arrêta un grand scandale et prévint un grand désastre.

A Riom, Dieu bénit encore son ministère par une conversion subite, éclatante et bien plus frappante que la précédente. Une jeune personne, livrée à toutes les vanités du monde, sachant qu'il devoit prêcher contre le luxe et les parures des femmes, affecta de se placer au milieu de l'auditoire, ornée de tous les ajustemens de son sexe, les plus propres à attirer tous les yeux sur elle, comme si elle eut voulu braver le zèle du prédicateur. Dans le cours du sermon, elle se sentit tout à coup si vivement touchée de Dieu, que, semblable à une autre Magdeleine, elle éprouva une confusion salutaire et fondit en larmes à la vue de tous les assistans sur lesquels ses sanglots firent la plus sensible impression. Au sortir de l'Eglise, elle alla se renfermer dans un Couvent, où elle vecut et mourut dans les exercices de la pénitence la plus austère, et dans les sentimens de la piété la plus exemplaire.

Les traits de ce genre se multiplieroient à l'infini si nous entreprenions de rapporter tous ceux que nous trouvons dans nos mémoires. Nous nous bornerons, pour abréger, au suivant, qui se passa à Rouen. Ayant eu la consolation d'y convertir une fameuse courtisanne, des jeunes gens qui jusque-là avoient vécu avec elle dans le libertinage, l'arrachèrent, à son départ, de sa voiture, l'accablèrent d'injures, et lui donnèrent même des coups. Il souffrit ce traitement avec sa résignation ordinaire, sans laisser échapper la moindre plainte. Cette circonstance de sa vie seroit restée absolument inconnue, si les coupables, revenus de leurs égaremens et touchés d'un sincère repentir, ne l'eussent eux-mêmes révélée, afin de rendre leur regret public et de réparer par cet aveu l'insulte qu'ils lui avaient faite.

VI. La vérité n'était pas moins puissante dans sa bouche pour triompher de l'obstination des hérétiques que des passions des libertins. Vers le milieu du dix-septième siècle, le gouvernement s'occupoit sérieusement du projet de ramener les huguenots au giron de l'Eglise par la voie de la persuasion. Les évêques ne négligeoient rien pour le seconder par toutes les ressources du ministère évangélique. Un des moyens les plus propres pour y réussir était celui des missions, ministère très utile, lorsqu'il est confié à des hommes instruits, sages et préparés par une longue expérience. Le père Lejeune jouissoit à cet égard d'une réputation trop bien établie pour qu'on ne jetât pas les yeux sur lui dans une pareille circonstance.

En 1644, le roi en avoit ordonné une pour la ville de Metz, où les calvinistes étaient en grand nombre et avoient des ministres habiles. On trouve dans ses œuvres six discours prêchés dans cette mission, qui donnent une haute idée de son talent pour la controverse. Les deux

premiers, placés à la fin du second volume, sont intitulés, *Abrégé des Controverses décidées par l'Ecriture
sainte*. L'auteur s'y réduit à confronter les textes de la
Bible des calvinistes sur lesquels ils fondent leurs dogmes particuliers, avec ces mêmes textes allégués par les
catholiques, sans le mélange d'aucune glose. C'est en les
présentant dans leur état naturel, qu'il prouve que le
dépôt de la doctrine de Jésus-Christ s'est conservé dans
l'Eglise catholique pur et sans tache, telle qu'elle avoit
été annoncée par les Apôtres, et que les calvinistes ne
sont tombés dans l'erreur que pour s'être écartés du
véritable sens de ces textes. La question y est traitée
avec autant de clarté que de précision. Tout y porte
la conviction dans l'esprit, mieux que n'auroit pu le
faire la plus savante controverse.

Les quatre autres discours qui n'auroient pas pu entrer dans le même volume à cause de sa grosseur, ter-
minent le troisième. Ils ont pour objet de montrer que
les pères des quatre premiers siècles, pendant lesquels
les calvinistes conviennent que la doctrine de l'Eglise
avoit conservé sa pureté, n'a jamais souffert la moindre
altération chez les catholiques. Pour prévenir toute chi-
cane, il écarte les endroits des pères de cette époque
où ils ne parlent que de leurs opinions particulières, et
ne s'attache qu'à ceux où ils rendent témoignage à la
créance générale de leurs temps. Cela est suivi de l'exposition des contradictions de Luther et de Calvin sur
des points très-importans de doctrine, comme celui de
la présence réelle et autres. Il y réfute avec énergie les
calomnies des sectaires sur les divers objets du culte.
Ces six discours réunis formeroient un petit traité de
controverse, mis à la portée de toutes sortes de lecteurs,

qui se feroit lire encore aujourd'hui avec fruit et avec intérêt.

Dans ses autres missions où le père Lejeune n'avoit pas affaire à des ministres aussi habiles que ceux de Metz, et où il ne s'agissoit que de désabuser une population séduite par une fausse exposition de la doctrine catholique, sa méthode pour ramener les protestans étoit de ne leur point prêcher directement la controverse de peur de leur causer de l'ombrage et de les irriter en voulant combattre de front leurs préjugés. Il se bornoit à leur annoncer Jésus-Christ et ses mystères, à les entretenir du prix de ces vérités fondamentales, de l'excellence de la rédemption, du besoin extrême que nous avons de sa grâce en tout et partout. C'est ainsi qu'en les faisant revenir de leurs préventions contre l'Eglise romaine, il touchoit leurs cœurs par l'onction de ses discours et désabusoit leurs esprits par la solidité de sa doctrine. Ces vérités étant communes aux deux religions attiroient au missionnaire la confiance de ses auditeurs, et le mettoient à portée de terminer dans des conférences particulières l'œuvre qu'il avoit commencée dans ses prédications du haut de la chaire évangélique. Au moyen de cette méthode si simple et si naturelle, il évitoit d'entrer dans des discussions qui auroient fait dégénérer son ministère en une école de controverse, d'où seroient nées de vaines disputes. Elle lui réussit parfaitement dans sa mission d'Orange, qui fut couronnée par de nombreuses conversions.

Cette mission fut suivie d'une autre qu'il fit à Grignan. L'archevêque d'Arles et l'évêque de St.-Paul-Trois-Châteaux, frères du comte de Grignan, s'y rendirent, ainsi que M. Godeau, évêque de Vence, et M. de Grille,

évêque d'Usez. Ces prélats ne le connoissoient encore que
de réputation. Il leur inspira un grand intérêt, surtout
dans les conférences qu'il fit aux curés et aux vicaires accourus de divers endroits, pour apprendre d'un aussi excellent maître comment il convenoit de prêcher les vérités
évangéliques aux pauvres et aux gens de la campagne.
Les prélats étoient assidus aux exercices de la mission.
Quelques-uns voulurent y parler. Le pieux missionnaire,
trouvant que leurs discours étoient trop relevés pour le
commun des auditeurs, prit la liberté de leur représenter qu'ils énervoient la parole de Dieu par l'art qu'ils
y mettoient, et par une élocution trop élégante, peu
assortie au génie de ceux qui les écoutoient et que l'on
se proposoit de toucher et d'instruire. Ces prélats, loin
de paroître offensés de ses avis, n'en témoignèrent que
plus de considération pour sa personne, et plus de confiance en son ministère.

Au sortir de cette mission, il se disposoit à aller reprendre celle d'Orange pour raffermir ceux qu'il avoit
ramenés au giron de l'Eglise, et pour y faire de nouvelles
conquêtes. Mais il en fut détourné par une vocation particulière de la providence, qui l'appela dans une province où l'on avoit besoin d'un de ces hommes extraordi-
naires que le seigneur suscite de temps en temps dans
son Eglise, pour y régénérer la foi et travailler avec un
zèle tout particulier au salut des âmes. Nous voulons
parler de sa mission en Limousin, où, pendant les dernières vingt années de sa vie, il s'acquit le titre de
second Apôtre du pays où saint Martial avoit le premier
fait luire la lumière de l'Evangile au milieu du troisième
siècle.

VII. Dès l'an 1657, il y avoit prêché l'Avent et le Carême, dans l'église collégiale qui portoit le nom du saint Apôtre. On y fut si satisfait de ses prédications, qu'on lui témoigna le plus vif désir de le fixer à Limoges. Il se sentoit lui-même très-porté à répondre aux vœux des habitans. Mais, comme nous l'avons ci-devant fait observer, il n'étoit pas homme à disposer de sa personne sans les ordres de ses supérieurs; la maison de l'Oratoire étoit d'ailleurs hors d'état, vu la modicité de ses revenus, d'entrenir deux surnuméraires; car le père Lejeune ne pouvoit, à raison de ses infirmités, être séparé du père Lefèvre. M. de Lafayette, l'un des plus dignes prélats de cette époque, sentant le besoin de s'associer un si excellent coopérateur, leva cet obstacle, en assignant une pension annuelle de quatre cents francs pour les deux missionnaires. Ce traité ne put être terminé définitivement qu'en 1654, où le père Lejeune s'attacha irrévocablement au diocèse dont il ne sortit plus que par intervalles, pour aller remplir quelques stations dans d'autres, dont les évêques l'obtinrent comme par grâce de M. de Lafayette.

Son premier soin fut de former une société de missionnaires, les uns choisis parmi ses confrères, les autres parmi les ecclésiastiques du diocèse qui lui parurent les plus propres au ministère des missions. C'est avec ce petit nombre de disciples, qu'il parcourut successivement la plupart des cantons du pays pour y semer et faire fructifier la parole de Dieu, ayant soin de prendre toujours son temps pour ne pas déranger les travaux de l'agriculture. Son usage étoit de se porter d'abord en personne dans les endroits où il prévoyoit qu'il éprouveroit le plus de difficultés. Lorsqu'il avoit commencé à défricher ce champ ingrat par lui-même, et qu'il jugeoit que la culture pou-

voit faire espérer une bonne récolte, il y appeloit quelques-uns de ses collaborateurs pour continuer l'ouvrage,
et il alloit en avant pour entreprendre le même travail
dans une autre contrée.

Le père Lejeune débuta à Limoges, par une mission
célèbre, dans l'église de Saint-Pierre, la première paroisse du diocèse. On y accourut en foule de toutes les
autres paroisses de la ville. De là il se rendit à St. Ju-
nien, la ville la plus populeuse de la province après
la capitale dont elle est éloignée de six lieues. Un accident qui lui arriva à une demi-lieue sembloit devoir
l'arrêter dès le commencement de cette course apostolique. Sa litière fut renversée dans la petite rivière d'Au-
rance. Il n'en continua pas moins sa route sans vouloir
se retirer dans une ferme voisine, pour y faire sécher
ses habits, comme on l'en pressoit, craignant qu'un
trop long retard ne ralentît l'ardeur de ceux qui l'atten-
doient, et ne nuisît au succès de la mission. D'autres
accidens de toute espèce lui arrivèrent souvent dans un
pays couvert de bois et de montagnes, entrecoupé de
ruisseaux et de ravins, où les chemins hérissés de rochers
et de broussailles, rendoient les communications en quel-
quesorte impraticables. Il se relevoit de ses chutes avec la
ferme persuasion que son ange gardien veilloit sur sa
personne, et il inspiroit la même confiance à ses coopérateurs.

L'événement qui l'affecta le plus fut la perte du père
Lefèvre, qui mourut le 31 octobre 1655, au milieu d'une
mission qu'ils faisoient dans la paroisse de Saint-Cyr, sur
les confins du Périgord. Ils avoient vécu pendant plus
de vingt ans dans l'union la plus intime, ne formant
entre eux qu'un cœur et qu'une âme. Le père Lejeune

avoit une si grande vénération pour lui qu'il n'en parloit
jamais que comme d'un saint, et qu'il attribuoit à ses prières le succès de ses travaux. Leur caractère propre étoit l'a-
mour d'une vie intérieure toute cachée en Dieu, un admirable esprit de charité, de douceur, d'humilité, et un
zèle ardent pour le salut du prochain.

La vie pénitente du père Lefèvre avoit fait une telle
impression sur le cœur des habitans de Saint-Cyr, qu'ils
ne voulurent jamais se dessaisir d'un trésor si précieux,
malgré les plus vives instances que leur en fit le père
Lejeune, qui sentit un regret mortel de ne pouvoir em-
porter mort celui qui, pendant sa vie, avoit été le con-
stant objet de ses affections, l'intime confident de ses pensées les plus secrètes, et son consolateur au milieu de ses
infirmités et de ses afflictions. Les habitans de la paroisse
mirent dans leurs intérêts le seigneur de Hautefort, qui,
jaloux de posséder dans sa terre un dépôt auquel il attachoit le plus grand prix, se réunit à ses vassaux pour faire
échouer toutes les tentatives faites pour le leur ravir.

On mit toute la solennité possible dans ses funérailles.
Il fut inhumé dans le sanctuaire de l'église paroissiale,
en présence d'un concours immense des habitans des
lieux circonvoisins, qui sembloient être accourus plutôt
pour célébrer la fête d'un saint que pour assister à l'enterrement d'un mort. Pendant tout le temps qu'il fut
exposé aux yeux du public, dans la marche du convoi
et durant tout l'office funèbre, chacun s'empressoit de
couper des lambeaux de ses vêtemens pour être conservés
dans les familles comme autant de reliques précieuses
que l'on se faisoit une religion de vénérer. Plusieurs
racontoient les grands exemples de zèle et de vertu dont
ils avoient été témoins, les guérisons qui s'étoient opé-

rées par ses prières et son intercession. Le bruit s'étant répandu qu'on l'avoit secrètement exhumé pour le transporter à Limoges, on ne put calmer l'inquiétude des habitans qu'en ouvrant son tombeau pour le leur laisser voir et reconnoître. Quoiqu'il se fût écoulé seize jours depuis son enterrement, on le retrouva dans le même état d'intégrité et de fraîcheur que le jour même de son décès. Aussi la mémoire de ce saint missionnaire n'a-t-elle jamais cessé d'être vénérée dans le pays.

L'événement qui étoit arrivé au corps du père Lefèvre fit craindre le même sort pour celui du père Lejeune, s'il venoit à mourir dans quelqu'une de ses fréquentes missions, où l'excès du travail et la rigueur des saisons l'exposoient souvent à de rudes épreuves. Aussi, dès que le supérieur de la maison de l'Oratoire le savoit malade dans quelque canton, il y accouroit avec une voiture pour le ramener à Limoges avec les précautions qu'exigeoit son état. M. de Lafayette ne témoignoit pas moins d'intérêt pour la conservation de ce digne coopérateur de son ministère, dont il sentoit tout le prix. Averti qu'il étoit tombé malade à Neddes, et qu'on y prenoit des moyens pour renouveler à son égard, s'il venoit à y décéder, ce qui s'étoit passé à Saint-Cyr, pour le corps du père Lefèvre, il écrivit la lettre suivante au curé de la paroisse : « J'ai appris avec grande douleur la maladie » de notre bon et très-cher père Lejeune : j'envoie mon » équipage pour le transporter ici en quelque état qu'il » soit de vie ou de mort. Je désire et vous ordonne que » cela soit exécuté sans aucun empêchement, m'assurant » que vous ferez votre devoir. » Cette lettre est du 15 mai 1664.

VIII. Pendant que le premier pasteur du diocèse

2

honoroit ainsi la personne du pieux missionnaire, et qu'il témoignoit le plus grand intérêt pour sa conservation et la plus grande confiance en son ministère, des curés, imbus d'une morale relâchée, lui suscitoient des contradictions à peu près du même genre que celles qu'il avoit éprouvées à Toulouse. Les mauvais casuistes que le clergé de France poursuivoit alors avec tant de zèle, avoient semé leurs fausses maximes dans le diocèse de Limoges, comme dans la plupart des autres diocèses du royaume. C'étoit surtout pour travailler à la destruction de cette funeste semence que le père Lejeune y avoit été appelé. Les obstacles qui en résultoient pour le succès de ses missions, le rebutèrent au point qu'il avoit conçu la résolution d'y renoncer. C'est à ce sujet qu'il écrivit la lettre suivante à M. Arnauld, pour le consulter sur cette détermination.

« Dans les missions que nous faisons, il est impossible d'empêcher le curé du lieu d'entendre les confessions, et de prendre pour les ouïr avec lui les prêtres que bon lui semble. Or la plupart les entendent à leur mode, c'est-à-dire à la hâte, ou permettent la communion à plusieurs qui ont persévéré jusque-là en de grands péchés. En un mot, plusieurs se confessent et communient à la mission comme à Pâques, sans avoir changé de vie; et il est impossible d'empêcher cela, car la plupart des prêtres sont si attachés à leur routine, qu'ils traitent de *jansénisme* tout ce qu'on leur dit de contraire. Or sur ce, je suis en peine; j'ai de grands mouvemens de quitter les missions, parce qu'il me semble qu'une seule communion indigne qu'on y fait, et on y en fait plusieurs, est un plus grand mal que tout le bien qu'on y puisse faire n'est un grand bien; et le feu père

Lefèvre, mort en odeur de sainteté, disoit quelquefois que nous n'y faisions rien qui vaille.

M. Arnauld ne se déguisoit pas l'importance des difficultés du père Lejeune; mais il savoit aussi tout le bien que ce père faisoit dans ses missions. C'est d'après ces deux considérations qu'il lui répondit le 30 octobre 1660 : « D'une part, si c'est l'esprit de Dieu qui vous fait entreprendre ces missions, comme il y a tout sujet de le croire, qui suis-je pour l'empêcher? et si je le fais, n'ai-je pas lieu d'appréhender que Dieu ne me redemande compte des âmes des pauvres qui auront manqué d'une personne qui les instruisît dans la voie du salut, et qui les y fît entrer par ses exhortations et par sa conduite? D'autre part aussi, ce que vous me témoignez, qu'il est à craindre que le fruit apparent de ces missions ne soit souvent qu'une émotion passagère, ou quelques commencemens de conversions, mais encore fort imparfaits, qui, étant mal ménagés par l'imprudence des confesseurs, dégénèrent en des absolutions sans aucun changement de vie, et en des communions indignes, me semble fort considérable; de sorte que les missions n'ont pas tant d'utilité que l'on se persuade aujourd'hui, où l'on met tout en cela, ce qui vient sans doute de ce que la mauvaise morale des casuistes a mis dans l'esprit de plusieurs prêtres, que c'est avoir fait une grande chose que d'avoir porté les pécheurs à découvrir des péchés qu'ils cachoient quelquefois depuis plusieurs années, quoiqu'on n'y voie aucun vrai retour à Dieu, ni aucun amendement effectif; car il faut avouer que, comme les missions ont quelque chose d'extraordinaire qui frappe l'esprit, quand ce ne seroit que par la vue des nouvelles personnes qui témoignent un grand

2.

zèle, elles ont souvent cet effet de jeter le trouble dans la conscience de quelques vieux pécheurs, et de les porter, par la crainte des jugemens de Dieu, à confesser leurs péchés avec plus de sincérité qu'ils n'avoient peut-être fait auparavant.

» Mais outre que tout cela peut ne venir que d'une imagination fortement frappée d'un objet nouveau, sans que le cœur soit vraiment touché, quand même ce seroit un mouvement de Dieu, il est d'ordinaire si foible en ses commencemens, qu'à moins qu'il ne soit fortifié par une assez longue suite d'actions et de saintes pratiques, il est difficile qu'il opère une entière conversion, qui doit enfermer un amour de Dieu assez fort pour empêcher que les passions vicieuses ne dominent dans l'âme, et ne la tiennent asservie à la loi du péché. Or il est bien malaisé que, dans le peu de temps qu'on a accoutumé de prendre pour les missions, on ait assez de loisir, soit pour discerner ce qui n'est que de la nature et ce qui peut être de la grâce, soit pour donner lieu à la grâce même de croître peu à peu dans l'âme, et d'y ruiner la tyrannie des vices par l'amour des biens célestes.

» Je sais bien, mon père, que, comme vous êtes très-éloigné des mauvaises manières du temps, vous travaillez plus solidement dans les missions que vous faites; mais je ne sais que dire à l'inconvénient que vous proposez, qui est que les curés et les prêtres de paroisse confessant ceux que vos prédications on touchés, les poussent souvent à des communions indignes par une conduite précipitée et conforme aux opinions des casuistes. On peut répondre que vous n'êtes pas cause de ce mal, puisque vous l'évitez autant qu'il vous est possible, et d'ailleurs qu'il y a des âmes qui tirent un véritable profit de ce qui est à d'autres, contre votre intention, une occasion de ruine.

» Pour moi, tout ce que je croirois devoir faire dans cette difficulté seroit de ne me point engager de moi-même dans ces missions, mais seulement quand j'y serois appelé par les évêques; car alors vous n'auriez à répondre que de votre fidélité dans le ministère qui vous auroit été imposé, et non de l'événement, *non curationem, sed curam*, dit saint Bernard; et à moins que de ces engagemens, j'aimerois mieux m'arrêter dans un même lieu pour y conduire les mêmes âmes avec tout le temps nécessaire, ce qui est pour l'ordinaire d'un fruit plus solide, quoique moins éclatant. »

On voit par cette lettre que M. Arnauld étoit fort embarrassé pour résoudre les difficultés que le père Lejeune lui proposoit. Ces difficultés venoient en partie des mauvaises dispositions des pécheurs, en partie de l'imprudence et de l'ignorance des confesseurs, infectés de la morale relachée des casuistes qui étoit fort en vogue dans le diocèse de Limoges; à quoi il faut joindre le vice général des missions de trop courte durée pour qu'on ait le temps d'y travailler efficacement à la réforme des cœurs, et de soumettre les pécheurs aux épreuves par lesquelles on peut s'assurer de la sincérité des conversions. Le savant docteur n'osa donc pas prendre sur lui de décider la question soumise à son jugement; il se contenta de balancer les raisons pour et contre ce qui lui parut suffisant auprès d'un homme aussi éclairé et aussi porté au bien que l'étoit celui qui le consultoit. Cependant la réponse tendoit à l'engager de persister dans un ministère auquel il avoit été appelé par la plus légitime vocation. C'est sans doute cette considération

qui triompha des répugnances du père Lejeune, et de mettre au pied de la croix les contradictions qui sembloient devoir l'en dégoûter; car enfin, malgré ces répugnances et ces contradictions, il ne pouvoit pas disconvenir que ses missions produisoient de très-bons fruits; il avouoit « que plusieurs y apprenoient à con-
» noître Jésus-Christ et ses mystères qu'ils ignoroient;
» que plusieurs découvroient de grands péchés qu'ils
» avoient cachés toute leur vie; que quelques-uns se
» corrigeoient de leurs blasphèmes; que quelques-autres,
» quoiqu'en petit nombre, changeoient de vie. » C'étoient là des avantages réels. Ainsi le diocèse de Limoges continua à recueillir les fruits de ses travaux, qu'il n'abandonna que lorsque ses forces épuisées, et ses infirmités parvenues à leur comble, le mirent dans la nécessité d'y renoncer.

IX. Ce fut au mois de mai 1671, qu'étant tombé dangereusement malade dans une mission qu'il faisoit à cinq lieues de Limoges, il termina ses courses apostoliques. Le père Babin, supérieur de l'Oratoire, n'en fut pas plus tôt instruit, qu'il alla le chercher, et le fit transporter sur un brancard. Dès ce moment, il fut condamné à garder la chambre, presque toujours le lit, accablé de diverses infirmités douloureuses, qu'il supporta constamment avec une patience et une résignation dignes des sentimens de religion qui n'avaient jamais cessé de l'animer. Son unique inquiétude étoit de ne pouvoir plus continuer l'exercice du ministère pour lequel il avoit reçu du ciel une vocation toute particulière, et qui avoit fait l'occupation de toute sa vie. Son âme encore brûlante du feu de la charité pour le salut du prochain, lui faisoit désirer d'être transporté à l'église pour rassembler les enfans et terminer sa carrière, en les instruisant des élémens de la doctrine chrétienne. Mais son corps, affaibli par le poids du travail, par ses infirmités habituelles et par son grand âge, le mettoit hors d'état de subir une pareille épreuve.

Il passa dix-neuf mois dans cette pénible situation, s'occupant sans relâche de méditer les vérités du salut, gémissant sur l'état d'inaction auquel il étoit condamné, et n'ayant d'autre consolation que celle d'un saint prêtre, nommé Ribière, qui avoit remplacé le père Lefèvre dans tous les services dont il avoit besoin. Lorsque ses maux lui laissoient quelque intervalle de relâche, il se faisoit un plaisir de rassembler autour de son lit de douleur des enfans du voisinage, auxquels il faisoit le catéchisme, et donnoit des instructions convenables à leur âge, et proportionnées à leur capacité.

Sentant enfin que sa dernière heure approchoit, il voulut, avant de recevoir le viatique, faire amende honorable de ses fautes en présence de ses confrères et des personnes du dehors accourues pour assister à cette cérémonie. La veille de sa mort, M. de Lafayette, qui étoit retenu dans son palais par des affaires urgentes, envoya son grand-vicaire, son secrétaire et son aumônier, pour lui demander sa bénédiction, et pour lui témoigner son regret de ne pouvoir aller la recevoir en personne. Le pieux agonisant n'osa pas, par humilité, se rendre au désir du premier pasteur. Il se contenta de recueillir ce qui lui restoit de forces, pour lui transmettre par les députés ses observations sur l'état du diocèse, sur les obstacles qui nuisoient au succès des mesures que le vénérable prélat prenoit pour y remédier. Ses dernières paroles furent cette prière qu'il adressa

à Dieu avant que d'expirer : « Seigneur, si vous voulez
» que votre miséricorde soit glorifiée en moi, votre louange
» en sera infiniment plus grande pour tous ceux sur les-
» quels vous l'avez déjà exercée : *Ego autem semper spe-*
» *rabo et adjiciam super laudem tuam.* »

X. Le père Léjeune mourut le 19 août 1672, à l'âge
de quatre-vingts ans. A peine eut-il rendu le dernier
soupir, que le peuple se porta avec une telle affluence
dans la maison de l'Oratoire, pour vénérer mort celui
qu'il avoit tant respecté vivant, qu'on fut obligé d'étayer
la salle dans laquelle il étoit exposé, de peur que le
plancher ne s'écroulât sous la foule qui se succédait sans
discontinuer. On déchiroit ses vêtemens ; on alla jusqu'à
lui arracher les ongles ; on cherchoit à se procurer quelque meuble qui lui eût appartenu. Chacun emportait
ces précieuses reliques dans sa famille, pour y conserver
et rappeler sans cesse la mémoire de cet homme juste,
qui étoit en quelque sorte devenu l'objet d'un culte
public. M. de Lafayette se rendit lui-même à la maison
de l'Oratoire : il baisa les mains et les pieds du défunt,
et s'écria avec l'accent de la plus profonde douleur :
« Ah ! pauvre ville de Limoges, tu as perdu ton père ! »

Il avoit recommandé, par son testament, qu'on ne lui
rendît aucun honneur funèbre ; mais on n'eut point
égard à sa demande : ses obsèques furent célébrées dans
l'église de l'Oratoire, avec un concours prodigieux de
tous les états. M. de Lafayette, qui l'avoit toujours con-
sidéré comme son plus digne et son plus fidèle coopérateur, ordonna qu'on lui fît un service solennel dans la
principale paroisse de la ville, où il avoit commencé sa
mission, et sur laquelle il étoit mort. Tous les corps
civils et ecclésiastiques y furent invités, et se firent un

honneur d'y assister; le prélat officia pontificalement,
et M. Ruben, le plus distingué de ses disciples, y pro-
nonça son oraison funèbre. Il n'eut besoin pour remplir
dignement cette fonction, que de remettre sous les yeux
des auditeurs le tableau de ses travaux apostoliques, et
que d'exprimer les sentimens de regret et de douleur
qu'avoit excités la perte du *moderne apôtre du Limousin*.

« Ce flambeau n'est pas plus tôt éteint, s'écria le pa-
» négyriste, que Dieu lui donne un éclat tout nouveau,
» portant les peuples à lui rendre des honneurs et des
» devoirs qu'on ne rend qu'aux saints. Il avoit dans son
» cercueil tant d'éclat et de majesté, qu'on eût dit qu'il
» étoit plutôt aux portes de la résurrection et de la vie,
» qu'entre les bras de la mort; et vous, Monseigneur,
» qui l'avez aimé jusqu'à la fin, vous vîntes vous-même
» répandre des larmes sur cette illustre mort. Vous
» donnâtes des témoignages publics de la vénération que
» vous aviez pour lui, en lui baisant les pieds et les mains.
» Il n'en falloit pas davantage dans les premiers siècles
» pour canoniser les saints; l'autorité de l'évêque et la
» religion des peuples, se trouvant jointes ensemble, leur
» faisoient rendre les honneurs publics; et quand votre
» Grandeur jugera à propos de faire des informations
» juridiques, on viendra déposer de toutes parts, pour
» rendre témoignage des bienfaits signalés qu'on a reçus
» de Dieu, par l'intercession de ce fidèle serviteur. »

Ce n'étoit point là une simple figure oratoire échappée
à l'imagination de l'orateur. Ce sont des faits con-
statés par des certificats en bonne forme de guérisons
opérées, soit du vivant du père Lejeune par ses prières,
soit après sa mort par son intercession. Ces certificats
existoient dans le livre historique de la maison de l'Ora-

toire de Limoges, où je les ai vus. Mais le livre qui les
contenoit a péri dans le terrible incendie de 1790. Il
y en avoit un entre autres du 18 octobre 1673, signé
de Pierre de Romanet, seigneur de Beaune, et de deux
autres témoins, dans lequel il s'engageoit d'affirmer par
serment qu'en 1669 une de ses filles affligée depuis
trois ans d'une fièvre continue, accompagnée d'enflure
sur tout le corps, dont le mal avoit résisté à l'art des médecins, fut promptement guérie par la bénédiction
du ciel, que le père Lejeune implora sur elle, dans
le temps qu'on le transportoit de Neddes à Limoges
sur un brancard. Un autre certificat du 14 mars 1676,
signé de Mᵐᵉ de Rochechouart, du curé, du chirurgien
et de plusieurs personnes du pays, attestoit la guérison
subite d'un malade abandonné des médecins, par l'application qu'on lui fit d'un lambeau des vêtemens du
saint missionnaire.

Une assemblée générale de la congrégation de l'Oratoire avoit ordonné de recueillir tous les faits de ce
genre, pour constater la sainteté du père Lejeune, ainsi
que de ceux qui concernoient le père Lefèvre, son digne
associé. M. de Lafayette étoit disposé à seconder ces informations et à les authentiquer. La mort de ce prélat
fit tout suspendre; et quoique son successeur eût un
frère dans la congrégation, il ne parut pas être dans les
mêmes dispositions.

Le corps du père Lejeune fut mis dans un cercueil
de plomb, et enterré dans le caveau de l'ancienne église.
On l'en retira en 1767, lors de la démolition de cette
église; et il fut provisoirement déposé dans un autre
caveau, et replacé ensuite dans celui de la nouvelle
église. On observa dans les deux translations toutes les

formes de respect et de vénération dues à un si précieux dépôt. L'incendie dont on a parlé, arrivé à une époque où il eût été dangereux de ranimer les cendres des saints, de peur de les exposer à être profanées, obligea de laisser le corps du père Lejeune reposer en paix dans le secret de son tombeau, dans l'espoir que des temps plus favorables permettroient de rendre à sa mémoire les honneurs que réclamoient la piété chrétienne et la reconnoissance publique. Mais quand, après la restauration, on a voulu s'occuper de son exhumation, on a trouvé qu'il avoit subi le sort de tant d'autres monumens vénérables, dont il ne nous reste plus que le souvenir et le regret de leur perte. ·

La seule consolation qui nous reste est de rappeler les vertus éminentes de cet illustre missionnaire, et les grands exemples d'une vie consacrée à des travaux que la tradition de nos pères nous a transmis, de ce zèle à faire connoître Jésus-Christ, qui fut l'objet de toutes ses instructions; de cette humilité profonde qui le portoit à se mettre au-dessous de tous ses coopérateurs; de cette charité qui l'attachoit surtout à l'intérêt spirituel des pauvres; de cette résignation inaltérable à la volonté de Dieu, qui ne lui permit jamais de témoigner le moindre mouvement d'impatience au milieu des afflictions du corps et de l'esprit, qui l'assaillirent dans l'exercice de son ministère. Quelques traits particuliers suffiront pour justifier cet éloge. Ayant appris qu'un habile peintre avoit tiré son portrait pendant qu'il étoit en chaire à Tulle, il s'en plaignit amèrement comme d'une perfidie, et fit d'inutiles efforts pour l'engager à le déchirer avant d'en tirer des copies. L'empressement qu'on avoit de conserver son image dans les familles l'emporta sur toute autre considération. Dans tous les lieux où il s'arrêtoit, il rassembloit les pauvres autour de sa personne pour leur faire des instructions, et finissoit par leur donner un repas, assis à table avec eux, augmentant ce jour-là son ordinaire, et leur distribuant une partie de l'honoraire de ses stations et du produit de ses livres. C'étoit pour lui un festin délicieux : né avec un caractère vif et impétueux, il étoit parvenu à le dompter par une attention continuelle sur ses actions et sur ses discours. Aussi compatissant pour les pécheurs qu'il étoit impitoyable pour les péchés, s'il croyoit s'être emporté au-delà des bornes de la charité, il se retiroit tout confus dans sa chambre, se prosternoit le visage contre terre, et prioit Dieu de détourner les mauvais effets de ceux qu'il s'accusoit d'avoir offensés. Enfin il subit deux fois l'opération douloureuse de la pierre, sans témoigner la moindre plainte.

Je ne parle point de ses austérités, de ses mortifications, des rigueurs qu'il exerça sur son corps à l'exemple de saint Paul, au point que ses supérieurs furent souvent obligés d'user de toute leur autorité pour modérer la sévérité des pénitences qu'il s'imposoit. Les détails dans lesquels je pourrois entrer à ce sujet sont trop opposés à l'esprit de notre siècle pour les offrir aux regards de nos contemporains, dont la délicatesse s'offenseroit d'un tel spectacle. Puisqu'il n'en voulut avoir le mérite que devant Dieu, je dois les laisser dans le secret auquel il les avoit lui-même condamnés.

XI. Ce qu'on vient de dire suffit pour faire connoître les vertus privées du père Lejeune. Nous avons maintenant à le considérer dans l'exercice public de son ministère, dans le caractère de ses instructions, auxquelles il dut sa grande célébrité. Le cardinal de Berulle s'étoit proposé, dans l'établissement de la congrégation de l'Oratoire d'en appliquer les sujets d'une manière toute spéciale à l'étude de Jésus-Christ et de ses mystères, afin qu'ils en étendissent la connoissance dans le monde, et qu'ils la rendissent en quelque sorte populaire. Ce fut là l'objet principal des ouvrages qui en sortirent à sa naissance, et qui leur donnèrent même un certain fonds de mysticité, dont ils sentirent le besoin de se corriger à mesure que le goût des bonnes études fit des progrès dans le corps. Le père Lejeune, quoique élevé sous les yeux du père de Berulle, et formé par ses leçons, se nourrit des principes de la saine théologie, et donna moins que plusieurs de ses confrères dans ce défaut. Il avoit approfondi ce que cette théologie avoit de plus substantiel, et il en sema les maximes dans ses compositions. Jamais il ne perdit de vue l'idée de faire connoître l'auteur et le consommateur de la foi des chrétiens, en se préservant de ce qui auroit pu la rendre minutieuse : c'est ce qui procura tant de succès à ses missions. Soit qu'il prêchât dans les villes aux gens du monde, soit qu'il instruisît plus familièrement le peuple ou les habitans des campagnes, il y mettoit ordinairement un précis de la doctrine chrétienne par rapport à Jésus-Christ et à ses mystères, auxquels il ramenoit ses instructions. Ces fréquens retours sur un même sujet, qui auroient pu paroître fastidieux dans la bouche de tout autre prédicateur, intéressoient dans la sienne, par l'onction qu'il y mettoit et par le talent qu'il avoit de rendre touchante cette partie de ses discours.

Ce fut le désir de propager la connoissance de Jésus-Christ après sa mort qui le détermina à publier le

recueil de ses sermons, qu'on lui demandoit de toutes
parts. [Il en avoit été fortement sollicité par ses supérieurs et par plusieurs évêques qui les jugeoient très-
propres à servir de modèle aux curés et aux missionnaires. La première liyraison, composée de deux volumes,
en parut à Toulouse, en 1662, sous le titre de *Le
Missionnaire de l'Oratoire*. Les autres livraisons se
succédèrent à peu près d'année en année. La dernière
ne parut qu'après sa mort, par les soins de ses confrères
de Limoges. Il y en eut plusieurs éditions en d'autres
villes; ils furent traduits en latin et imprimés à Mayence
en 1677, sous le titre de *Joannis Junii deliciæ pas-
torum*. On croit communément que ceux du père Soriat, intitulés *Sermons sur les plus importantes ma-
tières de la Morale chrétienne à l'usage des Missions*, ne sont autres que ceux du père Lejeune, mis en
meilleur françois. Mais c'est une erreur : le père Soriat
avoit bien pris son confrère pour modèle : il suit le
même ordre, il en adopte même souvent les pensées.
C'est là tout le seul rapport qu'ils ont l'un avec
l'autre.

Le censeur des sermons du père Lejeune se permit
une supercherie sur laquelle il convient d'appeler l'attention du lecteur, parce que cette espèce de ruse est
devenue assez commune dans ces derniers temps. L'auteur, en répondant aux objections de certains théologiens
sur la justice divine, s'étoit attaché aux principes de
saint Augustin. Le docteur Evanden, imbu de sentimens contraires, s'étoit permis de changer tout cet endroit
sans en donner avis à l'auteur, qu'il faisoit parler sur
le ton d'un partisan de l'école de Molina, dans les questions de la distribution de la grâce et de la prédestina-

tion. Peut être croyoit-il que le père Lejeune, étant aveugle, ne s'apercevroit pas de l'altération faite à son texte; mais il n'en fut pas plus tôt instruit qu'il s'inscrivit en faux contre le langage que le censeur lui faisoit tenir. Il s'empressa de s'en plaindre à la tête du septième volume, où il rétablit son véritable texte, et il obtint un autre censeur qui, dans une ample approbation, justifia pleinement la doctrine de l'auteur.

Ce nouveau censeur étoit le docteur Cazenave, professeur royal à Toulouse, où s'imprimoit l'ouvrage. Il déclara qu'on ne sauroit douter de la solidité et de la vérité de la doctrine contenue dans l'ouvrage soumis à sa censure, sans revoquer en doute les principes sur lesquels est établie toute la religion chrétienne; qu'il désiroit fortement que cet ouvrage fût lu sans cesse de ceux qui avoient un amour sincère de leur salut; que les sentimens en fussent gravés profondément dans les âmes de tous les fidèles, pleinement persuadé que le salut des peuples ne sauroit être plus efficacement procuré, ni la corruption générale des mœurs plus salutairement guérie que par la pratique des pures et saintes maximes que l'auteur y déduisoit avec tant de lumières et avec une netteté si rare et si pieuse, qu'il paroissoit que le même esprit qui conduit l'Eglise avoit conduit sa plume; que la lecture en étoit très-nécessaire pour la réformation des mœurs; qu'elle pouvoit servir de règle à tous ceux qui étoient appelés au ministère de la prédication et au gouvernement des consciences, et d'instruction à tous ceux qui travailloient efficacement à se convertir par une véritable et sincère pénitence; que l'auteur, après avoir fortement combattu et ruiné les nouvelles et fausses maximes par les véritables principes

du christianisme, montroit le chemin de la pénitence
et du ciel; qu'il y proposoit sa doctrine de la foi catholique des pères et de l'Eglise avec des raisonnemens si
clairs, si forts et si puissans; qu'il en insinuoit l'usage
avec tant de dévotion, de grâce, de douceur et de force,
qu'on devoit le regarder comme le saint Charles, le saint
François de Salles et le Grenade du siècle; que c'étoit
de là, comme d'une source féconde, que les peuples et
les ignorans, les prédicateurs, les missionnaires et les
confesseurs de l'un et de l'autre sexe pouvoient puiser
les eaux de la vie éternelle.

Plusieurs des volumes de la collection de ses Sermons
sont précédés d'*Avis* adressés aux jeunes prédicateurs,
aux curés et aux missionnaires, sur leur conduite dans
le ministère et sur la manière de rédiger leurs instructions. Il leur recommande expressément d'éviter de prendre part aux divisions qui peuvent exister dans les
paroisses, d'être très-circonspects auprès des personnes du
sexe, de se défier des dévotes, de se mettre dans leurs
instructions à la portée des simples, qui forment toujours
le plus grand nombre, de prendre garde à ne point
invectiver contre les hérétiques, qu'on doit plutôt
chercher à ramener par la voie de la persuasion; et il y
revient toujours à l'importance d'instruire les fidèles sur
les grands mystères de la religion. Tout cela est dit avec
une simplicité et avec une onction très-propres à insinuer
ses avis dans les cœurs. Il y relève un abus alors très-
commun dans les provinces méridionales, où les femmes,
lorsqu'elles se trouvoient dans le cas de baptiser les enfans, usoient de la formule suivante : *Aiguo te baptiso*,
c'est-à-dire *l'eau te baptise;* parce qu'en entendant le
prêtre dire *ego te baptiso*, elles s'imaginoient que *ego*

en latin, signifioit *Aiguo* en langue vulgaire. M. de Lafayette avoit en conséquence ordonné aux curés de baptiser sous condition les enfans qui ne l'avoient été que par des femmes.

L'œuvre des missions avoit des détracteurs. Personne n'étoit plus en droit que le père Lejeune d'en faire l'apologie, parce qu'aucun missionnaire n'y porta jamais un zèle plus pur et plus exempt des défauts que l'on reproche aux hommes de cette profession. On ne voit pas qu'il ait fait dégénérer un aussi saint ministère en des représentations théâtrales contraires à l'esprit de la religion, qui n'agissent que sur l'imagination, peuvent alimenter la curiosité, mais qui donnent trop de prise à la critique. Tout occupé de la conversion du cœur, il se bornoit à peindre le péché des couleurs propres à le rendre odieux, à le représenter sous toutes les faces pour en faire sentir les funestes conséquences. Tel est le sujet des *Avis* adressés aux jeunes missionnaires qu'on lit à la tête de quelques-uns des volumes de ses sermons, afin de les diriger dans l'exercice de leur ministère.

XII. On ne doit pas s'attendre à trouver chez lui ni l'élégance du style, ni la richesse des expressions, ni le sublime des pensées, ni la noblesse des comparaisons, ni en général les grandes formes de l'art oratoire. Rien de tout cela ne convenoit au genre d'instruction auquel il s'étoit spécialement consacré, qui eut principalement pour objet les personnes du peuple et les gens de la campagne. On auroit cependant désiré qu'avant de rendre ses sermons publics, il eût retouché son style. « Vos » imprimeurs, lui écrivoit le père Sénault, redemandent » encore vos livres; mais ils désireroient bien que, sans » changer vos pensées, on changeât quelques-unes de

3

» vos paroles qui ne sont plus d'usage. » Il s'en étoit
reposé là-dessus sur le père de Lamirande, qui, par respect
pour l'auteur, n'osa pas s'acquitter de la commission.
Ce fut le père Senault qui la remplit, mais avec beaucoup
de discrétion. On pourroit encore lui reprocher quelques histoires qui ne résisteroient pas à l'épreuve d'une
critique judicieuse. Mais elles sont racontées avec tant
de bonne foi ; elles s'adaptent si à propos aux sujets ;
elles paroissent si propres à faire goûter ses instructions
aux gens de la campagne, qu'on doit les lui pardonner
en faveur du bon effet qu'elles produisoient sur ses auditeurs. Ces défauts et quelques autres sont d'ailleurs
rachetés par tant d'autres qualités.

Le père Lejeune avoit étudié toutes les parties de la
science ecclésiastique convenables à son ministère : il
possédoit le rare talent de mettre les vérités les plus
sublimes à la portée de toutes les classes de fidèles. On
admiroit chez lui un jugement solide, un génie capable
de jeter un coup-d'œil sûr et rapide sur l'ensemble de la
matière qu'il se proposoit de traiter, de la présenter sous
le point de vue le plus propre pour en donner une juste
idée, un amour sincère de la conversion des pécheurs,
une chaleur de sentiment qui prenoit sa source dans le
désir sincère de la faire passer dans les cœurs. Il possédoit le talent de lier la morale avec le dogme, de faire
sortir les maximes de pratique du fond des mystères
les plus relevés. C'est surtout sous ce rapport qu'il servit
de modèle à Massillon, qui porta depuis cet art à sa perfection. Il falloit pour cela avoir une connoissance peu
commune de l'Écriture sainte, en avoir médité profondément l'esprit, pour en faire une juste application, de
manière à présenter toujours Jésus-Christ comme le

principe et le centre de tout ce qu'un chrétien doit croire et pratiquer. C'est sous tous ces rapports que le père Lejeune à mérité la gloire d'avoir rappelé le ministère de la parole de Dieu à sa véritable dignité, que ses sermons doivent être considérés comme une mine féconde où l'on trouve des matériaux pour traiter toutes sortes de sujets. Ajoutez que les plans en sont bien ordonnés, les divisions parfaitement tracées; qu'ils sont moins surchargés de citations profanes, et de ces fictions dont le mélange bizarre donne à la vérité même l'air de la fable, défaut si souvent reproché à ceux de ses contemporains; enfin que, presque partout, il présente autant de justesse que de force dans ses raisonnemens, qui intéressent quelquefois par des pensées très-piquantes : on ne doit donc pas être surpris qu'ils aient fait dans le temps des impressions que leur lecture n'a point démenties (*).

XIII. Voici le portrait que le père Lami trace de ce célèbre missionnaire, dans ses *Entretiens sur les sciences :* « Le prédicateur est un homme envoyé de Dieu » pour détourner du vice et pour porter à la vertu. C'est » sur cette idée que je dis que le père Lejeune étoit un » excellent prédicateur : sa vie, ses actions, ses paroles, » étoient tournées de ce côté-là. Il faisoit avant que de » dire, et comme il savoit que la semence de la parole » ne peut germer dans les âmes, si elles ne sont arrosées » de la grâce, il adressoit continuellement ses voeux à » Dieu, pour l'obtenir. Il prioit beaucoup plus qu'il » n'étudioit; il convertissoit beaucoup plus de pécheurs

(*) Quelques biographes, trompés par la ressemblance des noms, lui ont attribué une traduction du *Traité de la Religion,* de Grotius, qui est d'un Pierre Lejeune, ministre protestant.

» par les austérités de sa vie pénitente que par la force de
» ses discours; il regardoit le prédicateur comme une
» espèce de médiateur entre Dieu et les peuples, qui ne
» peut les réconcilier avec la divine majesté que de la
» manière que Jésus-Christ l'a fait, en souffrant lui-
» même ce que les pécheurs, pour lesquels il est mort,
» méritoient de souffrir. Je suis charmé lorsque j'entends
» lire ses ouvrages, j'y admire un zèle admirable pour le
» salut des âmes, qui lui fait trouver les moyens d'insi-
» nuer les vérités qu'il prêche, de les faire comprendre,
» de les faire aimer. Il se proportionne à la capacité de
» son auditoire; il se sert des termes qu'il sait être com-
» muns au peuple; il lui propose des comparaisons
» familières, et il ne dit rien qui ne soit à sa portée, si
» ce n'est que, pour relever son attention, et pour s'atti-
» rer quelque estime, autant qu'il est nécessaire pour le
» tenir appliqué, il cite quelques passages latins pour
» autoriser ce qu'il annonce. Le peuple, disoit-il, n'écou-
» teroit pas avec plaisir s'il ne croyoit que celui qui lui
» parle est savant, et il ne le croiroit pas savant s'il ne
» lui parloit quelquefois latin. C'est ainsi que ce pré-
» dicateur apostolique ne recherchoit l'estime que par
» rapport à l'utilité de son auditoire. Je ne prétends
» pas qu'on doive se servir, comme il fait quelquefois, de
» termes qui ne sont pas d'usage, et que, parlant devant
» des personnes de qualité, il tire ses raisonnemens de
» choses basses; mais on peut imiter son tour, sa manière,
» comme un excellent homme (le père Chappuis), mort
» avec la réputation d'un habile prédicateur, qui prêchoit
» dans les principales chaires de France, et ne faisoit
» qu'habiller le père Lejeune d'une manière qui pût
» être agréable au monde devant lequel il prêchoit. »

Ce portrait rentre assez dans l'idée que j'ai donnée du père Lejeune dans tout le cours de son histoire. Il ne reste pour la terminer que de rappeler le jugement que le célèbre Massillon, son confrère, portoit de ses sermons. Lorsqu'il étoit consulté à ce sujet par ceux qui se destinoient à suivre la même carrière, il leur conseilloit la lecture réfléchie de ses discours, qu'il regardoit comme d'excellens modèles d'éloquence chrétienne, pourvu, disoit-il, qu'on eût assez de goût pour savoir discerner ce qu'il falloit y prendre de ce qu'il falloit y laisser. Il convenoit qu'on pouvoit tirer de grands avantages de cette lecture, et il en parloit par expérience.

Le plus connu des disciples du père Lejeune est le père Ruben (Gabriel), né vers 1620 à Teyjac, près de Nontron en Périgord, à cinq lieues de Limoges. Sa famille, transportée à Eymoutiers, y a toujours occupé un rang honorable; elle est représentée aujourd'hui par M. Ruben, juge de paix, et par M. l'abbé Ruben, supérieur du noviciat des Sulpiciens à Issy, à peu de distance de Paris. Celui dont il s'agit dans cette notice étoit chanoine théologal de la collégiale de cette ville, et prieur de la Villeneuve. Il avoit acquis beaucoup de réputation dans le pays par son talent pour la chaire, lorsque le père Lejeune, célèbre alors dans toute la France par le même talent, fut attiré à Limoges pour y exercer le ministère de la prédication. M. Ruben, jaloux d'obtenir le suffrage d'un aussi habile orateur, s'empressa de faire connoissance avec lui; mais, au lieu des complimens qu'il en attendoit, il en reçut des avis dont il eut le bon esprit de profiter. « Vous avez un beau talent pour vous dam- » ner », lui dit le vénérable missionnaire avec la pieuse candeur qui le caractérisoit. Ce mot fut un trait de lu-

3.

mière pour le prédicateur. Dès-lors, il mit plus de simplicité dans ses compositions, plus de naturel dans son style, et moins de prétention dans son débit. Ses discours gagnèrent, du côté de l'instruction, ce qu'ils perdirent du côté d'un vain éclat, et les fruits en furent sensibles sur ses auditeurs : plein de reconnoissance pour le service qu'il avoit reçu, en cette occasion, de celui qui l'avoit remis dans la bonne voie des orateurs chrétiens, touché des grands exemples de vertu dont il étoit journellement témoin, il s'attacha irrévocablement à sa personne, se dévoua sans réserve à l'œuvre des missions sous sa direction, et fut son plus fidèle coopérateur dans cet important ministère. C'est à ce disciple chéri que nous devons la conservation des principaux traits de la vie d'un aussi parfait modèle du *moderne Apôtre* du Limousin.

La vénération personnelle que lui avoit inspirée le père Lejeune s'étendit sur la congrégation à laquelle cet illustre missionnaire avoit fait tant d'honneur. Il y entra, en 1679, avec son frère Jacques et quelques autres ecclésiastiques du diocèse qui s'étoient également consacrés aux missions. Les deux frères furent envoyés au séminaire des Vertus, près de Paris, où l'Oratoire entretenoit un corps de réserve dont on détachoit au besoin de petites colonies pour les missions qui lui étoient confiées. C'est de là que le père Gabriel Ruben fut tiré l'année suivante, pour aller faire à Angoulême des conférences ecclésiastiques qui eurent un tel succès qu'on voulut le fixer dans cette ville par la cure de Saint-André; mais la providence en disposa autrement. Ses supérieurs l'envoyèrent dans les missions du Midi, auxquelles le gouvernement attachoit la plus grande importance, parce que c'étoit dans ces contrées que les calvinistes se trouvoient

les plus nombreux, et qu'en général les nouveaux convertis avoient plus de confiance aux missionnaires de
l'Oratoire qu'à ceux des autres corps, comme nous l'ap-
prend l'abbé Millot, éditeur des mémoires de Noailles.

Le père Ruben prêcha l'Avent et le Carême à Montpel-
lier, station d'autant plus intéressante, que cette ville
étoit remplie de protestans. Le cardinal de Bonzi, archevêque de Narbonne, président des états du Languedoc,
fut si satisfait du prédicateur, qu'il le retint pour le
Carême de sa cathédrale de l'année 1682. Le cardinal
de Grimaldy, archevêque d'Aix, lui fit le même honneur
en 1685. Dans les intervalles de ces différentes stations,
les deux frères furent employés dans les missions des
Cévennes, pays presque entièrement couvert de huguenots. De là le père Gabriel Ruben se rendit à Niort,
pour y travailler à l'instruction des nouveaux catholiques, genre de vocation pour lequel on lui connoissoit
un talent particulier. Ce fut là le terme de ses travaux
apostoliques hors du Limousin, où il revint reprendre le
cours de ses missions dans sa patrie. Il ne cessa d'y travailler jusqu'en 1693, qu'il termina sa laborieuse carrière dans la place de supérieur de l'Oratoire. Son frère
l'avoit précédé au tombeau depuis quelques années à
Teyjac, lieu de sa naissance.

Les deux frères étoient doués d'une piété éminente,
d'un zèle ardent pour le salut des âmes, précieux héri-
tage que leur avoit légué le père Lejeune. Ils avoient
concouru aux divers établissemens formés sous l'épis-
copat de M. de Lafayette et de M. d'Urfé, pour régler
la discipline ecclésiastique dans le diocèse, tels que le
séminaire de la mission et celui des ordinands. Un établissement d'un autre genre, et d'une grande utilité,

éprouvoit beaucoup d'obstacles, même de la part des personnes pieuses. M. de Lafayette participoit à la prévention de ces personnes : il s'agit du couvent de la *Providence*, destiné à recueillir et à élever les jeunes orphelines, que l'indigence et le défaut d'éducation exposent à beaucoup de dangers dans le monde. On reprochoit à Marcelle Chambon, veuve Germain, qui avoit conçu le projet de cette fondation, de n'avoir en cela que des motif de vanité, et de se faire illusion à elle-même. Le père Lejeune, étranger à ces préventions, l'avoit mise à la tête d'une société de dames de charité, établies dans l'église de l'Oratoire. M. Ruben, autorisé d'un tel suffrage, et qui étoit le directeur de la pieuse veuve, vint à bout de désabuser le prélat des préventions qu'on lui avoit données. Toutes les difficultés étant ainsi dissipées, l'installation solennelle des nouvelles religieuses eut lieu en 1660, et M. Ruben célébra cet événement par un discours qui fut généralement applaudi. Il ne cessa d'en diriger la fondatrice jusqu'à la mort de cette sainte veuve. C'est d'après les mémoires de son directeur, que M. Labiche a rédigé l'ample notice d'où j'ai tiré cet extrait.

On attribue au même auteur quelques écrits imprimés, mais c'est sans fondement : le seul qui soit véritablement de lui est le *Discours funèbre sur la vie et la mort du père Lejeune*, prononcé par ordre et en présence de *Monseigneur l'Evéque de Limoges, dans la principale paroisse du diocèse, par M. Ruben, docteur en théologie, prieur de la Villeneuve*, imprimé, en 1674, chez Martial Barbou, et réimprimé, en 1679, à Toulouse, à la fin du dernier volume des œuvres du père Lejeune. Ce discours, plus historique qu'oratoire, écrit d'un style naturel, est surtout précieux par les détails intéressans qu'il contient sur la vie de celui qui en est le sujet : l'auteur avoit été témoin des faits qu'il raconte, qu'on trouveroit difficilement ailleurs.

Un autre prêtre de l'Oratoire qui, sans suivre la même carrière que le père Lejeune, eut cependant sa confiance, fut le père Jean-Louis Guiot de la Mirande, natif de Confolens. Ses parens l'avoient destiné à l'état militaire ; mais pendant qu'il suivoit à Paris les exercices qui entroient alors dans l'éducation de la jeune noblesse, la lecture des œuvres de sainte Thérèse lui fit naître l'idée de se consacrer à Dieu dans la congrégation de l'Oratoire. Ses parens s'y opposèrent d'abord ; mais ayant triomphé de leur résistance, il se rendit à l'institution de Lyon, au milieu d'un hiver très-rigoureux, à travers les montagnes de l'Auvergne et du Forez, qui étoient couvertes de neige, et par des chemins à peine frayés.

Sa conduite édifiante, pendant cette première année d'épreuve, fit sentir à ses supérieurs tout le prix d'une telle acquisition. Il justifia, durant son cours classique, la bonne idée que l'on avoit conçue de son mérite. On raconte un trait qui annonçoit de lui, quoique encore très-jeune, beaucoup de présence d'esprit. En traversant le Val de Suzon pour se rendre de Beaune à Paris, il fut arrêté par des voleurs auxquels il représenta avec tant de force et d'une manière si touchante les désordres et les dangers de leur état, qu'ils le laissèrent continuer sa route sans lui faire le moindre mal ; ils se recommandèrent même à ses prières.

Les talens et les vertus du père de Lamirande le firent appeler aux places et aux emplois qui demandoient une confiance particulière et une capacité peu commune.

Il fut d'abord supérieur de l'institution de Paris, ce qui supposoit en lui le don de discerner les esprits et les caractères, afin de savoir distinguer les sujets propres à la congrégation, et d'écarter avec discrétion ceux qui ne lui convenoient pas. De là il fut mis à la tête de l'établissement que l'Oratoire possédoit à Rome dans l'hôpital de Saint-Louis. Le principal objet de cette mission étoit d'y travailler à la béatification du cardinal de Bérulle; mais les ennemis de l'Oratoire en ayant été instruits, ils se rendirent suspects à la cour de France, en l'y représentant comme un agent du parti *janséniste*. « C'étoit » là, disent nos mémoires, une imputation non-seule- » ment fausse, mais encore ridicule et absurde, ce père » ayant toujours fait les preuves de ses sentimens pour » le parti opposé du jansénisme : il fallut cependant le » rappeler. »

A son retour, il occupa successivement les places les plus distinguées de la congrégation jusqu'à celle de supérieur de la maison de Saint-Honoré, où résidoit le régime du corps, il fut fait assistant du général. Dans toutes ces places, il s'acquit la confiance de ses confrères. Dans ses dernières années, il renonça à toute espèce d'emplois pour ne plus s'occuper que de se préparer à la mort, arrivée le 2 février 1707, étant alors âgé de quatre-vingts ans. Il emporta les regrets de tous ses confrères, qu'il n'avoit cessé d'édifier, durant toute sa vie, par ses vertus, et d'instruire par ses exemples. On a vu que le père Lejeune l'avoit chargé de revoir ses sermons, et de les présenter à la censure; ce qui suppose la grande confiance que le célèbre missionnaire avoit en son goût et en ses lumières.

La vie des autres prêtres de l'Oratoire natifs du Limousin, dont l'histoire peut avoir quelque rapport à celle du

père Lejeune, n'offre guère d'événemens remarquables,
si ce n'est qu'ils retracèrent tous dans leurs personnes
les vertus d'un aussi parfait modèle. Je mets en première
ligne le père Ribière, qui remplaça auprès de lui
le père Lefèvre, vécut dans la pratique des exercices
de la pénitence la plus sévère, et mourut comme il avoit
vécu. Tel fut encore le père Dupin, qui, né au sein d'une
famille de magistrature renommée pour sa piété, se
préserva des écarts de la jeunesse. Il entra dans la congrégation l'année même de la mort du célèbre missionnaire. Ses qualités sociales le rendirent cher à ses confrères. Il fut le père des pauvres, le consolateur des
affligés, surtout des prisonniers, le catéchiste du peuple
et des gens de la campagne. A sa mort, arrivée à Riom,
le 2 février 1696, on se porta en foule dans la salle où
il étoit exposé. On faisoit toucher à son corps des linges,
des chapelets, des heures de prières, et l'on cherchoit
à se procurer quelque meuble qui lui eût appartenu;
tant étoit grande l'idée qu'il avoit inspirée de son vivant
pour sa vertu. Le dernier des disciples du père Lejeune,
auquel nous bornons cette notice, fut le père Labiche,
né d'une famille où la probité et toutes les vertus chré-
tiennes étoient héréditaires. Il se distingua par sa dévotion envers la sainte Vierge, par sa charité envers les
pauvres, par son zèle pour la perfection ecclésiastique,
qui le porta à se dévouer à la direction des séminaires.
Le zèle et l'assiduité qu'il y mit affectèrent considéra-
blement sa complexion, déjà très-délicate par elle-
même; ce qui l'obligea de se retirer dans son pays natal
pour s'y préparer à la mort. Il se disposa à consommer
son sacrifice par la prière, par l'instruction des pauvres,
et par toutes sortes d'œuvres de charité, dans la pratique

desquelles il termina sa carrière le 20 avril 1691. Le père Cloysault, son ami et son collaborateur au séminaire de Châlons sur Saône, en fait l'éloge suivant : « Tous ceux qui ont vécu avec le père Labiche admiroient » en lui un homme rempli de l'esprit de Dieu, pénétré » de la terreur de ses jugemens, mais plein de con- » fiance en sa miséricorde, insensible aux outrages, et » menant sur la terre la vie d'un prédestiné. »

LIMOGES. — IMPRIMERIE DE BARBOU.

www.ingramcontent.com/pod-product-compliance
Lightning Source LLC
LaVergne TN
LVHW022210080426
835511LV00008B/1683